essentials

Essentials liefern aktuelles Wissen in konzentrierter Form. Die Essenz dessen, worauf es als „State-of-the-Art" in der gegenwärtigen Fachdiskussion oder in der Praxis ankommt. *Essentials* informieren schnell, unkompliziert und verständlich

- als Einführung in ein aktuelles Thema aus Ihrem Fachgebiet
- als Einstieg in ein für Sie noch unbekanntes Themenfeld
- als Einblick, um zum Thema mitreden zu können

Die Bücher in elektronischer und gedruckter Form bringen das Fachwissen von Springerautor*innen kompakt zur Darstellung. Sie sind besonders für die Nutzung als eBook auf Tablet-PCs, eBook-Readern und Smartphones geeignet. *Essentials* sind Wissensbausteine aus den Wirtschafts-, Sozial- und Geisteswissenschaften, aus Technik und Naturwissenschaften sowie aus Medizin, Psychologie und Gesundheitsberufen. Von renommierten Autor*innen aller Springer-Verlagsmarken.

Shahram Sadeghzadeh Oskuoi

Beteiligung in der offenen Kinder- und Jugendarbeit

Praxisnahe Einblicke und Handlungsansätze für Fachkräfte

Shahram Sadeghzadeh Oskuoi
Hemmingen, Deutschland

ISSN 2197-6708 ISSN 2197-6716 (electronic)
essentials
ISBN 978-3-658-51050-3 ISBN 978-3-658-51051-0 (eBook)
https://doi.org/10.1007/978-3-658-51051-0

Die Deutsche Nationalbibliothek verzeichnet diese Publikation in der Deutschen Nationalbibliografie; detaillierte bibliografische Daten sind im Internet über https://portal.dnb.de abrufbar.

Springer VS ist ein Imprint der eingetragenen Gesellschaft Springer Fachmedien Wiesbaden GmbH und ist ein Teil von Springer Nature.
Die Anschrift der Gesellschaft ist: Abraham-Lincoln-Str. 46, 65189 Wiesbaden, Germany

Was Sie in diesem *essential* finden können

- Zentrale Prinzipien und Grundlagen gelingender Beteiligung in der offenen Kinder- und Jugendarbeit
- Praxisnahe Methoden und reale Beispiele aus über zwanzig Jahren pädagogischer Arbeit
- Strategien, wie Beteiligung von Jugendlichen nachhaltig verankert werden kann
- Wege, wie Haltung, Beziehung und Struktur zusammenwirken, um Teilhabe lebendig zu gestalten
- Impulse, um Beteiligung als gelebte demokratische Praxis im Alltag umzusetzen

Vorwort

Beteiligung ist ein großes Wort. Es klingt nach Demokratie, Mitbestimmung und Selbstwirksamkeit – und scheitert in der Praxis oft an Zeitdruck, Desinteresse oder strukturellen Hürden.

Ich habe dieses Buch geschrieben, weil ich seit vielen Jahren erlebe, wie schwer es ist, echte Beteiligung umzusetzen. Viele Fachkräfte starten mit besten Absichten – und stellen ernüchtert fest: Die Jugendlichen wollen nicht, oder sie wollen anders als erwartet. Angebote werden geplant, Konzepte verfasst, Herzblut investiert – und doch bleibt man am Ende allein im Raum.

Die Erfahrung zeigt: Beteiligung entfaltet ihre Kraft nicht durch Konzepte, sondern durch Kontakt. Dieses Buch soll Mut machen und entlasten. Es zeigt, dass Beteiligung nicht perfekt sein muss, um wirksam zu sein. Anfangen ist wichtiger als ausformulieren.

Ich schreibe für alle, die tagtäglich mit jungen Menschen arbeiten: in Jugendzentren, Ganztagsschulen, Stadtteilen oder in der mobilen Arbeit. Ebenso für Träger, Verwaltungen und Politiker*innen – für alle, die beteiligt sind, wenn es um Beteiligung geht. Mein Ziel ist, Impulse zu geben, konkrete Ideen aufzuzeigen und gleichzeitig für die Realitäten vor Ort zu sensibilisieren.

Beteiligung braucht mehr als Methoden. Sie braucht Haltung, Zeit, Vertrauen – und den Mut, Strukturen kritisch zu hinterfragen. Junge Menschen brauchen keine perfekten Konzepte. Sie brauchen Erwachsene, die sich auf sie einlassen, zuhören und bereit sind, Verantwortung zu teilen.

Dieses Buch zeigt nicht nur Praxisbeispiele aus der offenen Kinder- und Jugendarbeit, sondern auch, wie Beteiligung nach außen wirkt: wenn Jugendliche ihre Stimme erheben, in politischen Kontexten auftreten, Oberbürgermeisterinnen einladen oder an Expert*innengesprächen mit Eltern und Schulen teilnehmen. Diese

Reichweite ist kein Zufall, sondern das Ergebnis konsequenter Arbeit an Haltung und Beziehung.

Ich bin Teil einer Bewegung, die leise, aber wirksam ist – und überzeugt: Wenn wir Beteiligung wirklich wollen, ist sie möglich.

Ich wünsche allen, die sich auf diesen Weg machen, die Kraft, den Humor und die Geduld, um ihn konsequent zu gehen.

Dieses Buch ist eine Einladung. An dich. An euch. An uns alle.

Shahram Sadeghzadeh Oskuoi

Danksagung

Mein Dank gilt allen Menschen, die mich auf meinem Weg begleitet und unterstützt haben – Kolleginnen, Freundinnen, meiner Familie und allen, die an echte Beteiligung glauben.

Ein besonderer Dank geht an meinen ehemaligen Jugendlichen und heutigen Kollegen Erhan S., der durch sein Engagement und seinen Werdegang beispielhaft zeigt, wie Teilhabe Lebenswege verändern kann.

Ebenso danke ich meinem Arbeitgeber, der Landeshauptstadt Hannover, insbesondere dem Fachbereich Kinder- und Jugendarbeit (51.5), für den institutionellen Rahmen. Mein besonderer Dank gilt außerdem dem Fachbereich OE 19 sowie den Hausmeisterinnen und Haustechnikerinnen der IGS Roderbruch, die uns stets zuverlässig und in allen Belangen unterstützt haben. Ebenso danke ich dem Bezirksrat Buchholz–Kleefeld für die Begleitung unserer Arbeit.

Mein Dank gilt auch den politischen Entscheidungsträger*innen, die unsere Arbeit gesehen und gestärkt haben – darunter sowohl die ehemalige als auch die aktuelle zuständige Dezernentin, die uns mehrfach besucht haben, sowie der Oberbürgermeister, der auf Einladung der Jugendlichen bei uns zu Gast war.

Der größte Dank jedoch gilt den Jugendlichen selbst. Sie sind nicht nur Besucherinnen, sondern Ideengeberinnen, Kritikerinnen, Mitgestalterinnen – und ein unverzichtbarer Teil unserer gemeinsamen Arbeit. Ohne ihre Offenheit, ihren Mut und ihre Kreativität gäbe es dieses Buch nicht.

Einleitung

Beteiligung in der Kinder- und Jugendarbeit ist längst mehr als ein Modewort. Sie ist Anspruch, Auftrag und Herausforderung zugleich. Doch zwischen politischen Programmen, theoretischen Konzepten und pädagogischem Alltag klafft oft eine große Lücke.

Dieses Buch will genau dort ansetzen: bei der Praxis. Es basiert auf über zwanzig Jahren Erfahrung in der offenen Kinder- und Jugendarbeit, in einem Stadtteil, in dem Vielfalt, soziale Herausforderungen und Potenziale dicht beieinanderliegen. Es will zeigen, wie Beteiligung gelingt – trotz Widerständen, mit begrenzten Ressourcen und manchmal gegen Strukturen, die eher verhindern als fördern.

Im Mittelpunkt stehen die Jugendlichen selbst. Ihre Ideen, ihre Kritik, ihre Energie und ihr Wille zur Mitgestaltung prägen die Beispiele, die hier versammelt sind. Fachkräfte, Träger und politische Entscheidungsträger*innen finden darin Impulse, wie Beteiligung nicht nur als Pflicht, sondern als gelebte Haltung verankert werden kann.

Beteiligung ist nie bequem, nie konfliktfrei und nie vollständig planbar. Aber genau darin liegt ihre Stärke: Sie bringt Bewegung in festgefahrene Strukturen, eröffnet neue Perspektiven und macht Demokratie im Alltag erfahrbar.

Inhaltsverzeichnis

Über den Autor

Shahram Sadeghzadeh Oskuoi wurde in Teheran geboren und kam im Alter von sieben Jahren nach Deutschland. Die ersten Jahre waren geprägt von sprachlichen Barrieren und dem Aufwachsen im sozialen Brennpunkt Hannover-Roderbruch – einem Stadtteil, der nicht zufällig den Spitznamen „Bronx" trägt. Diese Erfahrungen haben sein Verständnis für die Lebensrealität vieler Jugendlicher nachhaltig geprägt.

Seit seiner Ausbildung zum staatlich anerkannten Erzieher am Diakonie-Kolleg Hannover arbeitet er in der offenen Kinder- und Jugendarbeit. Aus eigener Erfahrung weiß er, wie entscheidend es ist, jungen Menschen Räume, Vertrauen und Verantwortung zu geben.

Sein Weg war nicht immer geradlinig – ein nebenberuflich begonnenes Studium konnte er aus familiären und beruflichen Gründen nicht abschließen. Doch genau das spiegelt seine Haltung wider: dranzubleiben, auch wenn Widerstände groß sind.

Heute setzt er sich mit Leidenschaft für Partizipation, Gewaltprävention, politische Bildung und das Zusammenbringen unterschiedlicher Menschen ein. Der von ihm initiierte Jugendrat wurde zu einem Meilenstein seiner Arbeit und prägt bis heute die Strukturen seines Jugendzentrums.

Mit diesem Buch möchte er Mut machen: Mut, Wege zu gehen, die nicht immer bequem sind. Mut, Dinge umzusetzen, die zunächst unmöglich erscheinen. Und Mut, Jugendlichen wirklich zuzuhören und sie ernst zu nehmen und ihnen echte Verantwortung zuzutrauen.

Beteiligung – mehr als ein Schlagwort 1

Partizipation ist längst zu einem festen Bestandteil der politischen, gesellschaftlichen und pädagogischen Sprache geworden. In Konzepten, Leitbildern, Förderprogrammen und politischen Reden wird sie fast selbstverständlich eingefordert und oft als unverzichtbarer Maßstab demokratischer Qualität dargestellt. Doch zwischen dem Anspruch auf Mitbestimmung und der tatsächlichen Realität in Einrichtungen klafft eine spürbare Lücke. Allzu häufig bleibt der Begriff der Beteiligung ein wohlklingendes Schlagwort – präsent auf Papier, aber in der Praxis nur schwer greifbar.

Im pädagogischen Alltag zeigt sich, dass Jugendliche Mitspracherechte häufig als bloße Fassade erleben. Sie werden zwar nach ihrer Meinung gefragt, doch ihre Antworten haben kaum konkrete Konsequenzen. In manchen Fällen dürfen sie zuhören, aber nicht wirklich in Entscheidungsprozesse eingreifen. Diese Form von „Scheinpartizipation" führt unweigerlich zu Enttäuschung und erzeugt Frustration (Hart, 1992). Gerade deshalb ist es entscheidend, klar und deutlich zu benennen, was echte Mitgestaltung bedeutet – und wo lediglich ein dekorativer Anschein von Teilhabe besteht.

Zwischen Anspruch und Wirklichkeit

Die Kinderrechtskonvention der Vereinten Nationen (1989) garantiert allen Kindern und Jugendlichen ausdrücklich das Recht, in allen sie betreffenden Angelegenheiten gehört zu werden (Vereinte Nationen, 1989, Art. 12). Dieses Recht verpflichtet Staaten und Institutionen, Strukturen zu schaffen, die Mitsprache und Einflussnahme tatsächlich ermöglichen. Doch in der Umsetzung zeigt sich immer

S. Sadeghzadeh Oskuoi, *Beteiligung in der offenen Kinder- und Jugendarbeit*, essentials, https://doi.org/10.1007/978-3-658-51051-0_1

wieder, dass es an Verbindlichkeit fehlt. In Schulen, Vereinen oder Jugendzentren werden junge Menschen häufig weiterhin als „Zielgruppe" behandelt – nicht als handelnde Subjekte mit eigenen Rechten und Gestaltungsmöglichkeiten.

Besonders deutlich wird diese Diskrepanz, wenn man sich die ungleichen Voraussetzungen ansieht, die Jugendliche mitbringen. Neben materiellen Ressourcen spielen auch das kulturelle Kapital, der Bildungshintergrund und die vorhandenen sozialen Netzwerke eine wichtige Rolle (Bourdieu, 1983). Diese Faktoren bestimmen maßgeblich, ob ein junger Mensch überhaupt die Chance erhält, seine Interessen einzubringen und ernst genommen zu werden. Wer über weniger Ressourcen verfügt, wird oftmals nicht in gleicher Weise beteiligt, obwohl genau hier demokratische Bildung und pädagogische Verantwortung besonders wichtig wären.

Beteiligung als demokratisches Grundprinzip

Wahre Mitgestaltung ist weit mehr als ein methodischer Baustein im pädagogischen Werkzeugkasten. Sie bedeutet, junge Menschen konsequent ernst zu nehmen, ihnen Verantwortung zuzutrauen und ihre Entscheidungen auch dann zu akzeptieren, wenn diese den Vorstellungen von Erwachsenen widersprechen. Teilhabe ist kein dekoratives Extra, das man anbietet, wenn es ins Konzept passt, sondern sie stellt ein zentrales demokratisches Grundprinzip dar.

Damit wird deutlich: Beteiligung verlangt mehr als punktuelle Projekte oder symbolische Abstimmungen. Sie fordert eine Haltung, die sich durch Authentizität, Vertrauen und den Willen zum Machtteilen auszeichnet. Nur wenn Erwachsene bereit sind, ihren eigenen Einfluss bewusst zu relativieren, können Jugendliche lernen, Verantwortung zu übernehmen und Demokratie im Alltag zu praktizieren.

Vom Mitreden zum Mitgestalten

In vielen Einrichtungen bleibt es beim bloßen „Mitreden". Jugendliche dürfen ihre Meinung äußern, aber die wesentlichen Entscheidungen werden letztlich von Erwachsenen getroffen. Wirkliche Teilhabe beginnt jedoch erst dort, wo Mitspracherechte in echte Gestaltungsspielräume übergehen. Das bedeutet, dass Jugendliche nicht nur Vorschläge machen, sondern auch aktiv Projekte entwickeln, Räume gestalten oder Veranstaltungen selbstständig organisieren – und dass die Ergebnisse ihrer Arbeit tatsächlich sichtbar umgesetzt werden.

Praxisbeispiele verdeutlichen, dass schon kleine, konkrete Schritte eine große Wirkung entfalten können: Wenn Jugendliche einen Schlüssel zum Jugendraum erhalten, Verantwortung für eine gemeinsame Kasse übernehmen oder bei der Festlegung von Regeln mitentscheiden, verändert das ihre gesamte Haltung. Sie erleben, dass ihr Handeln unmittelbare Konsequenzen hat, und entwickeln so ein starkes Gefühl von Selbstwirksamkeit (Deci & Ryan, 2000).

Zusammenfassung

Partizipation darf nicht als pädagogisches Schlagwort verstanden werden, sondern muss als unverzichtbarer Bestandteil demokratischer Kultur verankert sein. Sie erfordert Haltung, Mut und Vertrauen. Jugendliche wollen nicht bloß konsumieren, sondern gestalten. Ob dies gelingt, entscheidet sich nicht an theoretischen Konzeptpapieren, sondern daran, ob Erwachsene bereit sind, Verantwortung tatsächlich zu teilen und Macht abzugeben.

Brücke zu Kap. 2

Das nächste Kapitel widmet sich der zentralen Grundlage von Mitbestimmung: der Beziehung. Motivation entsteht nicht allein durch Strukturen oder Methoden, sondern vor allem durch Vertrauen und persönliche Bindung. Ohne eine tragfähige Beziehung bleibt Beteiligung oberflächlich – mit Beziehung wird sie lebendig.

Beteiligung beginnt mit Beziehung – Motivation entsteht durch Verbindung 2

In der pädagogischen Praxis höre ich häufig Aussagen wie:

„Die Jugendlichen haben einfach keine Lust."

oder:

„Man kann sie zu nichts bewegen."

Solche Einschätzungen sind verständlich, greifen aber zu kurz. Motivation entsteht nicht zufällig, sondern dort, wo tragfähige Beziehungen aufgebaut werden. Junge Menschen brauchen das Gefühl, gesehen und ernst genommen zu werden. Wenn sie erleben:

„Hier interessiert sich jemand wirklich für mich – nicht nur für meine Defizite, sondern für mein Potenzial", dann geschieht etwas Entscheidendes: Sie öffnen sich. Genau in diesem Moment beginnt echte Mitgestaltung.

Beziehung als Fundament

In der offenen Kinder- und Jugendarbeit gilt ein klarer Grundsatz: Beziehungsarbeit hat Vorrang vor Projektarbeit. Ein noch so ausgefeiltes Konzept bleibt wirkungslos, wenn es nicht von echtem Interesse am Gegenüber getragen wird. Entscheidend sind gemeinsame Erlebnisse, verlässliche Zeit und das Gefühl, ernst genommen zu werden.

© Der/die Autor(en), exklusiv lizenziert an Springer Fachmedien
Wiesbaden GmbH, ein Teil von Springer Nature 2026
S. Sadeghzadeh Oskuoi, *Beteiligung in der offenen Kinder- und
Jugendarbeit*, essentials, https://doi.org/10.1007/978-3-658-51051-0_2

Jugendliche erkennen sehr schnell, ob ihre Beteiligung wirklich erwünscht ist – oder ob es sich lediglich um ein Pflichtprogramm handelt. Authentizität lässt sich nicht vorspielen.

Ein zentraler Schlüssel liegt darin, jungen Menschen Verantwortung zuzutrauen. Schon kleine Gesten können eine große Wirkung entfalten: den Schlüssel zum Raum übergeben, die Leitung einer Aktion abgeben oder Entscheidungen zur Raumgestaltung in ihre Hände legen. Solche Erfahrungen vermitteln Vertrauen, stärken Selbstwirksamkeit und wirken langfristig motivierend.

Dass diese Beobachtungen nicht nur praxisnah, sondern auch wissenschaftlich belegt sind, zeigt die Bindungstheorie von John Bowlby (1988) und Mary Ainsworth (1978). Sie verdeutlicht, dass sichere Bindungen die Grundlage für Vertrauen schaffen – und dass genau dieses Vertrauen die Basis für Risikobereitschaft, Engagement und Lernprozesse bildet. Übertragen auf die offene Kinder- und Jugendarbeit bedeutet das: Nur wenn Jugendliche sich angenommen, sicher und respektiert fühlen, sind sie bereit, eigene Ideen einzubringen und Verantwortung zu übernehmen.

Motivation entsteht durch Verbindung

Die Selbstbestimmungstheorie von Deci und Ryan (Deci & Ryan, 1993; Deci & Ryan, 2000) beschreibt drei zentrale psychologische Grundbedürfnisse, die Motivation fördern: Autonomie, Kompetenz und soziale Eingebundenheit. Diese Theorie bestätigt, was sich in der Praxis immer wieder zeigt: Jugendliche sind bereit, sich einzubringen, wenn sie selbst entscheiden können, ihre Fähigkeiten gefragt sind und sie sich als Teil einer Gemeinschaft erleben. Ein Beispiel: Bei der Planung einer Ferienfreizeit entwickelten Jugendliche nicht nur Ideen, sondern diskutierten auch Budget und Ablauf. Einige organisierten den Einkauf, andere gestalteten Plakate oder führten Gespräche mit Kooperationspartner*innen. Je mehr Verantwortung sie übernahmen, desto stärker stieg ihre Motivation, den Prozess zu tragen.

Vertrauen und Fehlerkultur

Partizipation bedeutet auch, Fehler zuzulassen. Wenn Jugendliche erleben, dass ein Projekt nicht perfekt läuft, sie aber nicht kritisiert, sondern unterstützt werden, lernen sie mehr als durch jede vorgegebene Lösung.

Ich erinnere mich an eine Aktion, bei der das Material nicht ausreichte, weil die Gruppe sich verkalkuliert hatte. Statt das Problem für sie zu lösen, ermutigten wir die Jugendlichen, selbst nachzubessern. Sie gingen erneut einkaufen, rechneten nach und fanden eine Lösung. Dieses „Scheitern mit Netz" wurde zu einer wertvollen Lernerfahrung – und stärkte das Vertrauen in ihre eigene Kompetenz ebenso wie in den Prozess der Zusammenarbeit.

Pädagogische Haltung

Für Fachkräfte bedeutet echte Mitbestimmung, Macht bewusst zu teilen und Jugendliche als eigenständige Subjekte wahrzunehmen – nicht als Objekte pädagogischer Maßnahmen. Das erfordert die Bereitschaft, Entscheidungen auch dann ernst zu nehmen, wenn sie unbequem sind, zusätzliche Ressourcen beanspruchen oder Umwege nach sich ziehen. Beziehung in diesem Sinne heißt, jungen Menschen nicht nur Raum zu geben, sondern ihnen auch Verantwortung zu übertragen.

Dieser Gedanke findet sich auch in der Partizipationspyramide nach Hart (1992): Erst wenn Erwachsene bereit sind, Kontrolle abzugeben und Verantwortung mit Jugendlichen zu teilen, wird aus symbolischer Beteiligung echte Teilhabe.

Zusammenfassung

Partizipation beginnt nicht mit Methoden oder Strukturen, sondern mit Menschen. Beziehung ist der Schlüssel. Ohne Vertrauen bleibt Mitgestaltung oberflächlich. Mit Vertrauen entsteht Motivation – und damit die Grundlage für nachhaltige Teilhabe.

Für Fachkräfte bedeutet das, Jugendlichen zuzuhören, Verantwortung zuzutrauen und ihre Perspektiven ernst zu nehmen. Genau hier entscheidet sich, ob Mitbestimmung lebendig wird – oder in wohlmeinenden Absichtserklärungen stecken bleibt.

Brücke zu Kap. 3

Im nächsten Kapitel geht es darum, welche Voraussetzungen geschaffen werden müssen, damit Beteiligung gelingt: Zeit, Transparenz, Räume, Ressourcen und die Haltung der Fachkräfte.

Voraussetzungen für gelingende Beteiligung

3

Beteiligung entsteht nicht im luftleeren Raum. Damit Jugendliche ihre Stimme erheben und Verantwortung übernehmen können, braucht es klare Rahmenbedingungen und eine reflektierte Haltung der Fachkräfte. Nur wenn beides zusammenspielt – äußere Strukturen und innere Bereitschaft – kann Mitbestimmung wirksam und nachhaltig gelingen. Andernfalls bleibt sie Stückwerk.

Zeit als Voraussetzung

Echte Teilhabe braucht Zeit – und zwar deutlich mehr, als im pädagogischen Alltag oft verfügbar scheint. Zwischen Stundenplänen, Termindruck und organisatorischen Zwängen droht Beteiligung schnell auf der Strecke zu bleiben. Doch wer Jugendliche ernst nimmt, muss bereit sein, Zeit als Investition zu begreifen: Zeit für Gespräche, für Diskussionen, für Aushandlungen und für gemeinsames Ausprobieren.

Schnelle Entscheidungen im „Erwachsenenmodus" wirken zwar effizient, sind aber selten nachhaltig. Jugendliche lernen Demokratie nicht durch Vorträge oder PowerPoint-Präsentationen, sondern durch praktische Erfahrungen – und diese brauchen Zeit. Die UN-Kinderrechtskonvention (Art. 12, 1989) betont genau diesen Anspruch: Kinder und Jugendliche müssen die Möglichkeit haben, ihre Meinung frei zu äußern und ernsthaft in Entscheidungsprozesse einbezogen zu werden. Damit dies nicht nur ein Lippenbekenntnis bleibt, braucht es eine Entschleunigung pädagogischer Abläufe.

© Der/die Autor(en), exklusiv lizenziert an Springer Fachmedien
Wiesbaden GmbH, ein Teil von Springer Nature 2026
S. Sadeghzadeh Oskuoi, *Beteiligung in der offenen Kinder- und
Jugendarbeit*, essentials, https://doi.org/10.1007/978-3-658-51051-0_3

Transparenz schafft Vertrauen

Beteiligung entfaltet ihre Wirkung nur dann, wenn Entscheidungsprozesse offen und nachvollziehbar gestaltet sind. Jugendliche besitzen ein äußerst feines Gespür dafür, ob ihre Meinungen ernst genommen werden oder lediglich der Form halber abgefragt werden. Werden Ergebnisse verschwiegen, Entscheidungen nicht erläutert oder Hintergründe im Dunkeln gelassen, entsteht schnell Frustration und Demotivation.

Transparenz bedeutet in der Praxis:

Informationen klar weiterzugeben, auch wenn die Botschaft unangenehm oder ernüchternd ist,

Entscheidungen nachvollziehbar zu begründen, sodass deutlich wird, warum bestimmte Wege gewählt oder andere verworfen wurden,

Prozesse sichtbar zu machen, sodass Jugendliche jederzeit verstehen, wo sie im Ablauf stehen und welche nächsten Schritte anstehen.

Auf diese Weise lernen junge Menschen, dass nicht jede Idee umgesetzt werden kann – wohl aber, dass jede Entscheidung erklärbar und begründbar sein muss. Genau dieses Verständnis ist entscheidend: Es stärkt nicht nur das Vertrauen, sondern auch die Akzeptanz gegenüber Grenzen und Kompromissen.

Räume und Ressourcen

Beteiligung braucht konkrete Orte und greifbare Mittel. Ein bloß symbolisches Mitspracherecht ohne die Möglichkeit, Räume tatsächlich zu gestalten, bleibt folgenlos. Orte sind dabei weit mehr als nur vier Wände: Sie sind Ausdruck von Zugehörigkeit, Eigenständigkeit und Vertrauen.

Wo Jugendliche die Gelegenheit erhalten, ihre Räume nach eigenen Vorstellungen einzurichten, Möbel mit auszuwählen oder Materialien selbst zu beschaffen, wird Beteiligung sichtbar und erlebbar. Solche Gestaltungsspielräume vermitteln Selbstwirksamkeit: Die Jugendlichen erkennen, dass ihre Entscheidungen unmittelbare Konsequenzen haben.

Ebenso unverzichtbar sind materielle Ressourcen. Ohne ein Budget bleibt Beteiligung oft im Theoretischen stecken. Schon kleine Geldbeträge, über die Jugendliche eigenständig verfügen können, entfalten eine enorme Wirkung: Sie fördern Kreativität, Eigenverantwortung und die Bereitschaft, Projekte auch tatsächlich umzusetzen. Wer über ein eigenes Budget entscheidet, spürt, dass Vertrauen in die eigenen Fähigkeiten gesetzt wird – ein Schlüsselerlebnis für demokratisches Lernen.

Darüber hinaus sollte Beteiligung auch symbolisch gestützt werden: Ein eigener Schlüssel zum Raum, eine offiziell zugesprochene Verantwortung oder ein sichtbares Zeichen, dass Entscheidungen Bestand haben, sind ebenso wichtig wie finanzielle Mittel. Erst in dieser Kombination aus Räumen, Ressourcen und Vertrauen wird aus abstrakter Teilhabe eine lebendige Praxis.

Haltung der Fachkräfte

Am Ende ist es die innere Haltung, die den Unterschied macht. Beteiligung darf nicht als Zusatz verstanden werden, den man anbietet, wenn gerade Zeit übrig ist. Sie ist ein pädagogisches Grundprinzip. Fachkräfte, die diesen Anspruch ernst nehmen, treten entsprechend auf: nicht kontrollierend, sondern unterstützend. Sie stellen Fragen, hören aufmerksam zu, geben Orientierung – und akzeptieren, dass Jugendliche eigene Wege einschlagen.

Zusammenfassung

Beteiligung braucht klare Rahmenbedingungen: Zeit, Transparenz, geeignete Räume, Ressourcen – und vor allem die richtige Haltung. Sind diese Voraussetzungen gegeben, kann echte Mitbestimmung wachsen. Fehlen sie, bleibt sie ein leeres Versprechen.

Brücke zu Kap. 4

Im nächsten Kapitel geht es um Methoden. Denn auch wenn Haltung das Fundament ist, braucht es Werkzeuge, um Beteiligung sichtbar, erfahrbar und lebendig zu machen.

Methoden als Türöffner – Werkzeuge mit Wirkung

Methoden sind Werkzeuge – nicht mehr und nicht weniger. Sie können Türen öffnen, Prozesse erleichtern und Mitbestimmung sichtbar machen. Doch wenn sie zum Selbstzweck werden, verlieren sie ihre Wirkung. In der Praxis zeigt sich oft: Projekte starten mit vielen bunten Methoden, verpuffen aber, wenn der inhaltliche Kern fehlt. Entscheidend ist nicht, welche Methode genutzt wird, sondern wofür.

Keine Methoden-Show

Jugendliche merken sofort, ob Methoden wirklich Beteiligung ermöglichen oder nur als „coole Aktion" präsentiert werden. Ein Planspiel oder eine Ideensammlung kann spannend wirken, bleibt aber oberflächlich, wenn Ergebnisse keine Konsequenzen haben.

Methoden dürfen kein Ersatz für Haltung sein. Sie sind Mittel, um Teilhabe zu fördern – nicht, um sie zu inszenieren.

Zweckorientierte Auswahl

Methoden entfalten ihre Kraft nur, wenn sie an Zielen orientiert sind. Geht es darum, Ideen zu sammeln, sind Kreativtechniken wie Brainstorming oder digitale Umfragen sinnvoll. Steht eine Entscheidung an, braucht es transparente Abstimmungsverfahren. Soll Verantwortung übernommen werden, sind Methoden gefragt, die konkrete Aufgaben in die Hände der Jugendlichen legen.

S. Sadeghzadeh Oskuoi, *Beteiligung in der offenen Kinder- und Jugendarbeit*, essentials, https://doi.org/10.1007/978-3-658-51051-0_4

Ein Beispiel: Bei der alle zwei Wochen stattfindenden Jugendratssitzung konnten Jugendliche, die anwesend waren, aber auch jene, die über Instagram oder WhatsApp ihre Ideen einbrachten, über Ausflüge, Regeln im Haus, Umgestaltungen oder Wünsche diskutieren. Gleichzeitig nutzten auch Fachkräfte diese Sitzungen, um Informationen aus der Verwaltung weiterzugeben. So entstand Transparenz und ein gegenseitiges Wertschätzen.

Niedrigschwelligkeit als Schlüssel

Partizipation gelingt nur, wenn Hürden niedrig sind. Methoden müssen so gestaltet sein, dass alle Jugendlichen mitmachen können – unabhängig von Sprache, Vorwissen oder sozialen Kompetenzen. Eine Ideensammlung auf Plakaten kann leichter zugänglich sein als eine mündliche Diskussion. Digitale Formate ermöglichen anderen, sich schriftlich einzubringen.

Vielfalt der Zugänge ist entscheidend: Je breiter die Methodenpalette, desto inklusiver die Beteiligung.

Beteiligung erlebbar machen

Am stärksten wirken Methoden, wenn Ergebnisse sichtbar werden. Bei Ferienfreizeiten entschieden Jugendliche nicht nur über das Programm, sondern auch über Budget und Einkauf. Sie organisierten Ausflüge, verhandelten Preise und trugen Verantwortung für die Umsetzung.

Die Erfahrung: Ihre Entscheidungen hatten konkrete Folgen – und das stärkte Motivation und Stolz.

Pädagogische Einbettung

Methoden sind kein Selbstläufer. Sie wirken nur, wenn Fachkräfte sie begleiten, reflektieren und ernst nehmen. Wichtig ist, Jugendliche nicht allein mit Aufgaben zu lassen, sondern sie im Prozess zu unterstützen.

Reflexion gehört dazu:

Was lief gut?
Wo gab es Schwierigkeiten?
Welche Verantwortung wurde übernommen – und welche nicht?

Erst diese Auswertung macht aus einer Methode einen Lernprozess.

Zusammenfassung

Methoden sind wertvolle Werkzeuge, aber nicht der Kern. Sie können Prozesse sichtbar und spannend machen – doch ohne Haltung, Transparenz und Ernsthaftigkeit bleiben sie oberflächlich.

Die Kunst liegt darin, Methoden bewusst einzusetzen: zielgerichtet, niedrigschwellig und so, dass Jugendliche echte Verantwortung übernehmen können.

Brücke zu Kap. 5

Im nächsten Kapitel geht es darum, wie Beteiligung dauerhaft gesichert werden kann. Denn einmalige Methoden oder punktuelle Projekte reichen nicht – entscheidend ist, ob aus guten Ideen und ersten Erfolgen eine stabile Praxis entsteht, die Jugendliche auch langfristig als verlässlich erleben.

Beteiligung verstetigen – vom Projekt zur Praxis 5

Viele Partizipationsprozesse starten mit Energie und Begeisterung. Jugendliche bringen Ideen ein, Fachkräfte unterstützen engagiert, und die ersten Ergebnisse werden sichtbar. Doch allzu häufig bleibt es bei einmaligen Aktionen. Nach Abschluss eines Projekts kehrt der Alltag zurück – und Mitgestaltung gerät in den Hintergrund.

Damit Teilhabe nachhaltig wirkt, muss sie verstetigt werden. Es genügt nicht, punktuell Highlights zu setzen oder auf einzelne „Leuchtturmprojekte" zu verweisen. Jugendliche brauchen die Erfahrung, dass Mitbestimmung nicht Ausnahme, sondern selbstverständlicher Bestandteil ihres Alltags ist. Nur dann entsteht das Vertrauen, dass ihr Engagement keine einmalige Einladung war, sondern Ausdruck einer gelebten Haltung in der Einrichtung.

Von der Aktion zur Struktur

Ein Sommerfest, ein Ausflug oder eine Projektwoche sind wertvolle Gelegenheiten, um Beteiligung einzuüben. Doch entscheidend ist nicht die Aktion selbst, sondern ob ihre Ergebnisse in die Strukturen der Einrichtung hineinwirken. Werden Regeln tatsächlich verändert? Bleiben neu gestaltete Räume wirklich in der Verantwortung der Jugendlichen? Gibt es feste Gremien, die regelmäßig zusammenkommen und deren Beschlüsse Konsequenzen haben?

Erst wenn Mitbestimmung in Routinen eingebettet wird – in Sitzungen, klaren Abläufen oder wiederkehrenden Entscheidungswegen – entsteht Verlässlichkeit. Jugendliche merken dann: „Unsere Stimme zählt nicht nur einmal, sondern immer wieder."

Verlässlichkeit schafft Vertrauen

Verlässlichkeit bedeutet, dass Absprachen eingehalten werden. Wenn Jugendliche Entscheidungen treffen, die später ignoriert oder umgangen werden, entsteht Frustration und Rückzug. Werden ihre Beschlüsse hingegen konsequent umgesetzt, wächst Vertrauen in die Ernsthaftigkeit des Prozesses.

Das heißt nicht, dass jede Forderung erfüllbar ist. Aber es bedeutet, dass jede Entscheidung ernsthaft geprüft, transparent kommuniziert und nachvollziehbar begründet wird. Selbst ein „Nein" kann vertrauensstärkend wirken – wenn es klar erklärt wird und Jugendliche sehen, dass ihre Anliegen nicht einfach abgetan, sondern respektvoll behandelt werden.

Kontinuität trotz Wechsel

Jugendarbeit lebt von Beziehungen – und diese sind oft an Personen gebunden. Damit Teilhabe nicht zusammenbricht, wenn einzelne Fachkräfte gehen, muss sie institutionell verankert sein. Mitgestaltung sollte deshalb nicht von einzelnen engagierten Personen abhängen, sondern in Konzepten, Leitbildern und Strukturen festgeschrieben werden. Nur so wird sie zum verbindlichen Bestandteil der Einrichtung.

Praxisbeispiel: Jugendrat

Ein gelungenes Beispiel für Verstetigung ist der Jugendrat, der sich alle zwei Wochen im Jugendzentrum trifft. Jugendliche bringen dort ihre Anliegen ein – von der Umgestaltung der Räume über die Planung von Ausflügen bis hin zu Absprachen zu Hausregeln.

Die Sitzungen folgen einem klaren Ablauf: Protokolle werden geführt, Ergebnisse dokumentiert und Entscheidungen anschließend transparent kommuniziert. Wer nicht persönlich teilnehmen kann, hat die Möglichkeit, sich digital einzubringen – etwa über WhatsApp oder Instagram. Auf diese Weise bleibt der Jugendrat nicht nur lebendig, sondern auch verbindlich und nachvollziehbar.

Zusammenfassung

Dauerhafte Partizipation entsteht nicht durch einzelne Projekte, sondern durch belastbare Strukturen. Wenn Mitbestimmung verlässlich organisiert, nachvollziehbar dokumentiert und unabhängig von einzelnen Personen gestaltet ist, wird sie zu einem festen Bestandteil pädagogischer Arbeit. Kontinuität schafft Vertrauen – und Vertrauen ist die Basis, auf der Beteiligung wachsen kann.

Brücke zu Kap. 6

Im nächsten Kapitel geht es darum, wie Mitgestaltung nicht nur verlässlich, sondern auch attraktiv bleibt. Denn ohne Kreativität und Vielfalt verliert selbst die beste Struktur ihre Anziehungskraft.

Beteiligung lebendig gestalten – Kreativität als Schlüssel

6

Strukturen sichern Verlässlichkeit. Doch ohne Lebendigkeit verlieren sie schnell ihre Anziehungskraft. Jugendliche wollen nicht nur formale Sitzungen und Protokolle – sie suchen Mitgestaltung, die sich spannend, wirksam und lebendig anfühlt. Kreativität ist dabei ein zentrales Werkzeug. Sie senkt Einstiegshürden, spricht verschiedene Sinne an und eröffnet Räume, in denen auch ungewöhnliche Ideen Platz finden.

Formate, die bewegen

Kreative Beteiligung beginnt mit der Wahl passender Methoden. Diskussionen und Abstimmungen können in spielerische, gestalterische oder digitale Formen übersetzt werden. Beispiele aus der Praxis zeigen, wie vielfältig die Zugänge sein können:

Digitale Umfragen und Ideensammlungen – etwa über Instagram-Stories oder WhatsApp-Gruppen – ermöglichen es auch Jugendlichen mitzuwirken, die nicht vor Ort sind oder sich schriftlich leichter äußern. Manche haben keine Lust auf klassische Sitzungen. Um niemanden auszuschließen, lassen sich analoge Treffen und digitale Formate kombinieren. So entsteht ein gemeinsames Ergebnis, das sowohl die Stimmen der Anwesenden als auch die Beiträge der digital Beteiligten berücksichtigt. Gerade im pädagogischen Kontext eröffnet dies Chancen für junge Menschen mit Beeinträchtigungen, sprachlichen Hürden oder geringeren sozialen Kompetenzen.

S. Sadeghzadeh Oskuoi, *Beteiligung in der offenen Kinder- und Jugendarbeit*, essentials, https://doi.org/10.1007/978-3-658-51051-0_6

Speed-Brainstorming in Kleingruppen – in wenigen Minuten viele Ideen sammeln und danach gemeinsam priorisieren. Das vermittelt Energie, verhindert endlose Diskussionen und macht sichtbar, wie viel Kreativität in kurzer Zeit möglich ist. Gestalterische Beteiligung – Räume umgestalten, Wände bemalen, Möbel auswählen, Plakate entwickeln. Wer physisch sichtbar Spuren hinterlassen kann, erlebt Mitbestimmung unmittelbar.

Praxisbeispiel

In unserem Jugendzentrum gestalteten Jugendliche Plakate für geplante Ausflüge oder Aktionen. Sie sammelten eigenständig Gelder, führten kleine Kassen und übernahmen Verantwortung für die Organisation. Bei der Umgestaltung von Räumen entwickelten sie eigene Ideen, entschieden über Farben, Möbel und Dekoration und setzten diese mit handwerklichem Geschick um.

Besonders wirksam war, dass sie die Zwischenschritte über soziale Medien dokumentierten – so konnten auch andere Jugendliche, die nicht aktiv beteiligt waren, die Entwicklung verfolgen und sich im Nachhinein anschließen. Solche kreativen Ausdrucksformen zeigen deutlich: Teilhabe bedeutet nicht nur mitzureden, sondern auch sichtbar Spuren im Alltag zu hinterlassen.

Balance zwischen Freiheit und Struktur

Kreative Ansätze brauchen einen klaren Rahmen. Jugendliche sollen Freiräume erleben, aber gleichzeitig Verlässlichkeit spüren. Ohne Struktur droht Kreativität ins Beliebige zu kippen, mit zu viel Kontrolle verliert sie ihre Energie.

Die Kunst liegt darin, beide Pole miteinander zu verbinden: klare Absprachen über Zeit, Budget und Verantwortung einerseits – offene Räume für Ideen, Experimente und Eigeninitiative andererseits. Diese Balance macht den Unterschied zwischen einem kurzfristigen Projekt und einem nachhaltigen Lernprozess.

Ein Praxisbeispiel verdeutlicht das: Bei einer Ferienfreizeit konnten Jugendliche nicht nur über das Programm entscheiden, sondern ganze Tage eigenständig gestalten. Sie planten Ausflüge, organisierten die Umsetzung, führten Absprachen mit externen Partner*innen und übernahmen Verantwortung für das Gelingen. Der Rahmen – Budget, Sicherheitsvorgaben und pädagogische Begleitung – war klar definiert. Innerhalb dieser Grenzen handelten sie frei.

Das Ergebnis: hohe Motivation, sichtbare Eigenverantwortung und die Erfahrung, dass ihre Entscheidungen echte Wirkung entfalten. Solche Erfahrungen stärken nicht nur das Vertrauen in die eigene Kompetenz, sondern auch die

Überzeugung, dass Beteiligung mehr ist als ein einmaliges Mitreden – sie wird zum erlebbaren Alltag.

Kreativität als Inklusionschance

Kreative Methoden eröffnen vielfältige Ausdrucksformen. Manche Jugendlichen äußern sich lieber schriftlich, andere zeichnend oder musikalisch, wieder andere im direkten Gespräch. Indem verschiedene Sinne angesprochen werden, entstehen Zugänge, die mehr Jugendlichen eine Stimme geben. Auf diese Weise wird Partizipation inklusiver und gerechter.

Gerade in heterogenen Gruppen ist es entscheidend, dass Beteiligung nicht an Sprachvermögen, Redegewandtheit oder Lautstärke gekoppelt ist. Kreative Zugänge gleichen diese Unterschiede aus: Eine Collage, ein kurzer Videoclip oder eine improvisierte Szene können Botschaften transportieren, die in einer klassischen Diskussionsrunde untergehen würden.

Pädagogisch bedeutet das, die Vielfalt der Ausdrucksformen aktiv anzuerkennen und zu fördern. Beteiligung wird so nicht nur zu einem Prozess für besonders Durchsetzungsstarke, sondern zu einem Raum, in dem alle Jugendlichen ihre Ideen sichtbar machen können – unabhängig von Sprache, Herkunft, Geschlechtsidentität oder Selbstbewusstsein.

Zusammenfassung

Beteiligung bleibt nur lebendig, wenn sie kreative und abwechslungsreiche Formen findet. Methoden wie digitale Umfragen, gemeinsames Brainstorming oder gestalterische Projekte machen Teilhabe spannend und greifbar. Entscheidend ist jedoch, dass diese Ansätze nicht zum Selbstzweck werden. Sie entfalten ihre Wirkung nur dann, wenn sie in klare und verbindliche Strukturen eingebettet sind, die Verlässlichkeit schaffen und Ergebnisse sichtbar machen. So entsteht eine Form von Mitgestaltung, die Freude macht, inklusiv wirkt und Jugendliche auf Augenhöhe erreicht. Kreativität allein reicht nicht – sie muss mit Transparenz, Konsequenz und einem klaren Bezug zu realen Entscheidungen verbunden werden. Nur dann erfahren junge Menschen, dass ihre Ideen mehr sind als ein netter Zeitvertreib, nämlich ein wirksamer Beitrag zur Gestaltung ihrer Lebenswelt.

Brücke zu Kap. 7

Doch selbst die kreativsten Methoden stoßen an ihre Grenzen, wenn die Basis fehlt: Vertrauen. Im nächsten Kapitel geht es darum, wie Beziehung, Glaubwürdigkeit und Verlässlichkeit der Fachkräfte die Grundlage für gelingende Partizipation bilden – und warum ohne dieses Fundament Beteiligung schnell brüchig bleibt.

Beziehung als Fundament – Vertrauen schafft Beteiligung

7

Mitbestimmung ohne Beziehung bleibt oberflächlich. Sie mag nach außen aktiv wirken – mit Sitzungen, bunten Plakaten und offiziellen Beschlüssen. Doch ohne echtes Vertrauen ist sie brüchig. Erst wenn Jugendliche spüren, dass sie gesehen, gehört und ernst genommen werden, entsteht der Mut, eigene Ideen einzubringen und Verantwortung zu übernehmen. Vertrauen ist nicht Beiwerk, sondern das Fundament jeder Partizipation.

Vertrauen braucht Kontinuität

Vertrauen wächst nicht über Nacht. Es entwickelt sich, wenn Fachkräfte kontinuierlich verlässlich sind, zuhören und auch in schwierigen Situationen ansprechbar bleiben. Dazu gehört, Vereinbarungen einzuhalten, Zusagen umzusetzen und Rückmeldungen zeitnah zu geben – auch dann, wenn Entscheidungen anders ausfallen als erhofft.

Jugendliche merken sofort, ob ihnen wirklich zugehört wird oder ob Antworten aus Routine und Floskeln bestehen. Echte Aufmerksamkeit bedeutet mehr als das Hören von Worten: Sie umfasst auch das Wahrnehmen von Zwischentönen, Körpersprache und unausgesprochenen Anliegen. Gerade diese Sensibilität macht für Jugendliche den Unterschied – ob sie sich ernst genommen fühlen oder ob sie den Eindruck gewinnen, lediglich „abgearbeitet" zu werden.

© Der/die Autor(en), exklusiv lizenziert an Springer Fachmedien Wiesbaden GmbH, ein Teil von Springer Nature 2026
S. Sadeghzadeh Oskuoi, *Beteiligung in der offenen Kinder- und Jugendarbeit*, essentials, https://doi.org/10.1007/978-3-658-51051-0_7

Präsenz in Erfolgen und Krisen

Vertrauen zeigt sich nicht nur an guten Tagen. Wer Teilhabe ernst meint, ist auch dann präsent, wenn es unangenehm wird – bei Konflikten, Enttäuschungen oder persönlichen Krisen. Es geht nicht darum, alle Probleme für Jugendliche zu lösen, sondern darum, ihnen in schwierigen Situationen nicht auszuweichen.

Präsenz heißt: zuhören, Unsicherheit aushalten und gemeinsam nach Wegen suchen. Schon das Gefühl, dass jemand verlässlich da ist, wirkt stabilisierend. Jugendliche erinnern sich oft weniger an konkrete Ratschläge als an die Erfahrung: *„Da war jemand, der mich nicht allein gelassen hat."*

Gerade in solchen Momenten entscheidet sich, ob Beziehung tragfähig ist. Wer auch in Krisen ansprechbar bleibt, vermittelt Verbindlichkeit – und legt die Grundlage dafür, dass Jugendliche sich auch in guten Zeiten öffnen und Verantwortung übernehmen.

Beziehungsarbeit im Alltag

Beziehung entsteht oft nicht in geplanten Programmpunkten, sondern in den Zwischenräumen des Alltags. Es sind die kleinen Momente, die Vertrauen wachsen lassen: das gemeinsame Aufräumen nach einer Aktion, ein spontanes Gespräch auf dem Weg zur Bahn, gemeinsames Kochen oder Spielen, oder auch das Lachen über eine kleine Panne.

Gerade diese unscheinbaren Situationen machen Fachkräfte für Jugendliche nahbar. Sie erleben sie nicht nur als Verantwortliche, sondern als Menschen mit Humor, Schwächen und Verlässlichkeit. Diese persönliche Ebene senkt Hemmschwellen und erleichtert den Einstieg in Beteiligungsprozesse – weil Jugendliche spüren, dass Begegnungen authentisch sind und nicht ausschließlich von Rollen oder Regeln bestimmt werden.

Authentizität statt Rolle

Jugendliche spüren sehr schnell, wenn jemand eine Rolle spielt. Authentizität bedeutet nicht, alles Private offenzulegen, sondern klar Haltung zu zeigen, Grenzen zu benennen und auch eigene Fehler einzugestehen. Wer ausschließlich in seiner „Funktion" auftritt, bleibt distanziert und wirkt austauschbar. Wer sich dagegen als Mensch zeigt – mit Stärken, Schwächen und echter Nahbarkeit – schafft die

Voraussetzung für Beziehung. Genau hier entsteht das Vertrauen, das echte Partizipation ermöglicht.

Entscheidungen akzeptieren

Beziehung und Vertrauen wachsen nicht nur dann, wenn Wünsche erfüllt werden. Gerade die Erfahrung, dass manche Anliegen nicht umgesetzt werden können, gehört untrennbar dazu. Wichtig ist, solche Entscheidungen nachvollziehbar und respektvoll zu erklären. Nur wenn Jugendliche die Gründe verstehen, fühlen sie sich ernst genommen – auch dann, wenn ihre Vorstellungen nicht realisiert werden.

Transparenz bedeutet in diesem Zusammenhang, auch die eigenen Handlungsspielräume offen zu legen: Welche Faktoren sind frei gestaltbar, wo gibt es Grenzen durch Budget, Regeln oder Vorgaben? Diese Klarheit verhindert Enttäuschungen und zeigt Jugendlichen, dass ihre Anliegen nicht ignoriert, sondern ernsthaft geprüft wurden. So bleibt Mitbestimmung glaubwürdig – auch in Situationen, in denen die Antwort „Nein" lautet.

Praxisbeispiel: Ferienfreizeit mit Hindernissen

Über mehrere Jahre hinweg konnten wir regelmäßig Ferienfreizeiten durchführen – meist ohne größere Hürden. Umso überraschender war es, als ein geplanter Aufenthalt plötzlich nicht genehmigt wurde, obwohl vergleichbare Maßnahmen in den Vorjahren problemlos möglich gewesen waren.

Für die Jugendlichen war dies ein einschneidendes Erlebnis. Sie hatten die Freizeit intensiv vorbereitet, Ideen gesammelt und waren voller Vorfreude. Anstatt jedoch zu resignieren, entschieden sie sich, selbst aktiv zu werden: Sie verfassten Stellungnahmen, suchten das Gespräch mit Verantwortlichen und wandten sich schließlich direkt an die zuständige Dezernentin.

Für mich als Fachkraft war diese Situation herausfordernd. Ich stand zwischen den Interessen der Jugendlichen und den Vorgaben meiner Vorgesetzten. Es erforderte, Spannungen auszuhalten, Neutralität zu wahren und dennoch den Jugendlichen den Rücken zu stärken.

Am Ende konnte die geplante Reise in diesem Jahr zwar nicht stattfinden. Doch die Jugendlichen gaben nicht auf. Im Folgejahr reisten wir an genau den Ort, den sie ursprünglich gewählt hatten – diesmal mit umso größerem Stolz, weil sie selbst für ihre Interessen eingetreten waren.

Dieses Beispiel verdeutlicht: Widerstände gehören zu Beteiligungsprozessen dazu. Sie bieten Jugendlichen die Möglichkeit, demokratische Aushandlung zu erlernen, Durchhaltevermögen zu entwickeln und zu erfahren, dass auch Rückschläge Teil wirksamer Mitbestimmung sein können.

Zusammenfassung

Beziehung ist das Fundament jeder Mitbestimmung. Vertrauen entsteht nicht von selbst, sondern durch Verlässlichkeit, Authentizität und Präsenz – in Erfolgen ebenso wie in Krisen. Es wächst in Alltagssituationen, in kleinen Gesten und in der Art, wie Fachkräfte mit Erwartungen und Konflikten umgehen. Jugendliche merken sehr schnell, ob sie ernst genommen werden oder ob ihre Anliegen nur „pro forma" behandelt werden.

Nur wenn sie erfahren, dass ihre Stimmen Gewicht haben und ihre Entscheidungen Konsequenzen nach sich ziehen, entsteht echtes Vertrauen. Ohne dieses Fundament bleibt Partizipation oberflächlich – mit Vertrauen hingegen wird sie zu einer tragfähigen und lebendigen Erfahrung, die Jugendliche nachhaltig stärkt.

Brücke zu Kap. 8

Im nächsten Kapitel geht es um Haltung. Methoden, Strukturen und Beziehungen sind wichtig – doch entscheidend ist die innere Überzeugung der Fachkräfte. Denn Partizipation lebt nicht von Techniken, sondern von Haltung.

8

Beteiligung braucht Haltung – nicht Methode

Im nächsten Kapitel geht es um Haltung. Methoden, Strukturen und Beziehungen sind unverzichtbar – doch entscheidend ist die innere Überzeugung der Fachkräfte. Partizipation lebt nicht von Techniken allein, sondern von einer Haltung, die Macht teilt, Fehler zulässt und Jugendlichen echtes Mitgestalten ermöglicht.

Haltung als Schlüssel

Haltung zeigt sich nicht in der Anzahl eingesetzter Methoden, sondern in der inneren Einstellung:

Zuhören oder abfragen?
Wer wirklich zuhört, gibt Raum für neue Gedanken. Wer nur abfragt, sammelt Meinungen, ohne sie zu berücksichtigen.
Beteiligen oder beschäftigen?
Jugendliche ernsthaft einzubinden heißt, ihre Beiträge in Entscheidungen einfließen zu lassen – nicht nur, sie mit bunten Moderationskarten zu beschäftigen.
Akzeptieren oder steuern?
Wer Beteiligung ernst meint, akzeptiert auch unbequeme Ergebnisse. Steuerung hingegen signalisiert: „Ihr dürft mitreden, solange es passt.“

Beteiligung bedeutet nicht, Jugendliche „mitmachen zu lassen“. Sie bedeutet, sie als handelnde Subjekte wahrzunehmen – mit Rechten, Interessen und eigener Perspektive.

Mut zur Offenheit

Echte Beteiligung erfordert Mut. Ergebnisse sind nicht planbar, manchmal auch unbequem. Wer Jugendliche beteiligt, muss aushalten, dass Entscheidungen anders ausfallen, als man selbst gehofft hätte.

Dieser Kontrollverlust ist kein Mangel, sondern ein Gewinn. Er zeigt Jugendlichen, dass ihre Stimme Gewicht hat.

Haltung sichtbar machen

Haltung ist keine individuelle Angelegenheit, sondern eine gemeinsame Aufgabe im Team. Wenn eine Fachkraft Beteiligung ernst nimmt, eine andere sie jedoch blockiert, entsteht Frust und Misstrauen. Deshalb muss Partizipation Teil des Selbstverständnisses einer Einrichtung sein – festgeschrieben in Leitbildern, regelmäßig reflektiert und von allen Mitarbeitenden getragen. Nur wenn Haltung institutionell verankert ist, kann sie im Alltag glaubwürdig wirken.

Eine Haltung bleibt nicht abstrakt. Sie wird konkret und spürbar in alltäglichen Situationen:

- wenn Fachkräfte transparent machen, warum eine Entscheidung so oder so getroffen wird,
- wenn sie eigene Fehler eingestehen und zeigen: „Auch wir lernen dazu",
- wenn sie Konflikte nicht als Störung begreifen, sondern als Teil eines demokratischen Prozesses,
- wenn sie nicht nur Methoden einsetzen, sondern konsequent Macht teilen und Verantwortung zulassen.

Gerade diese Momente vermitteln Jugendlichen Glaubwürdigkeit. Sie erfahren, dass Erwachsene ihre Anliegen ernst nehmen, dass Prozesse nachvollziehbar sind und dass Mitbestimmung nicht nur „auf dem Papier" steht. Methoden können dabei unterstützen – entscheidend bleibt jedoch, dass sie von einer klaren Haltung getragen werden.

Zusammenfassung

Methoden können unterstützen, aber sie sind niemals der Kern. Echte Mitbestimmung entsteht durch die Haltung der Fachkräfte – durch ihre Bereitschaft, Macht zu teilen, Fehler zuzulassen und Jugendliche als handelnde Subjekte ernst zu nehmen. Wer Jugendlichen wirklich zutraut, Verantwortung zu übernehmen, schafft Räume, in denen Teilhabe wächst – unabhängig davon, ob die Methode perfekt ist oder nicht.

Brücke zu Kap. 9

Im nächsten Kapitel geht es um die Wirkung von Beteiligung: Was verändert sie bei Jugendlichen selbst, wie wirkt sie im Miteinander – und welche Spuren hinterlässt sie in Gesellschaft und Politik?

Wirkung entfalten – was Beteiligung bei Jugendlichen auslöst   9

Beteiligung ist kein Selbstzweck. Sie soll Wirkung haben – in der Person, im sozialen Miteinander und in der Gesellschaft. Doch Wirkung entsteht nicht automatisch. Sie braucht Situationen, in denen Jugendliche reale Verantwortung übernehmen, Erfahrungen von Selbstwirksamkeit sammeln und die Möglichkeit haben, Erfolge wie Irritationen bewusst zu reflektieren. Erst diese Kombination macht aus einem einzelnen Ereignis nachhaltige Entwicklung.

Selbstwirksamkeit als Schlüssel

Wer erlebt, dass die eigene Stimme zählt, entwickelt Vertrauen in die eigenen Fähigkeiten. Albert Bandura beschreibt dieses Vertrauen als Selbstwirksamkeit – das Zutrauen, Herausforderungen aus eigener Kraft bewältigen zu können (Bandura, 1997).

Gerade Jugendliche mit schwierigen Startbedingungen profitieren besonders, weil sie oft die Erfahrung gemacht haben, dass Entscheidungen „über sie" getroffen werden. Mitbestimmung durchbricht dieses Muster. Sie verschiebt die Perspektive von *„Es passiert mir"* hin zu *„Ich gestalte mit"*.

Oft beginnt das unspektakulär:

- jemand moderiert ein Spiel,
- organisiert einen Einkauf,
- führt eine Musikliste,
- oder wagt es, ein schwieriges Thema anzusprechen.

S. Sadeghzadeh Oskuoi, *Beteiligung in der offenen Kinder- und Jugendarbeit*, essentials, https://doi.org/10.1007/978-3-658-51051-0_9

Solche Verantwortungsbereiche wirken klein, sind aber Treppenstufen. Wer einen Schritt sicher geht, traut sich den nächsten zu – und genau so wächst Handlungszuversicht.

Selbstwirksamkeit ist damit nicht nur ein pädagogisches Schlagwort, sondern die zentrale Ressource, die Beteiligung hervorbringt: Jugendliche lernen, dass ihr Handeln Folgen hat, dass sie Gestaltungsmacht besitzen und dass diese Macht konstruktiv genutzt werden kann.

Sichtbare Ergebnisse als Katalysator

Partizipation entfaltet ihre stärkste Wirkung, wenn Ergebnisse sichtbar werden. Ein gestalteter Raum, eine selbst organisierte Feier oder eine Diskussion mit Politiker*innen sind mehr als symbolische Gesten. Sie zeigen Jugendlichen: *„Unsere Entscheidungen haben Folgen."*

Sichtbare Resultate verstärken Motivation, geben Anerkennung und schaffen Mut, größere Rollen zu übernehmen.

Wirkung im sozialen Miteinander

Beteiligung stärkt nicht nur das Individuum, sondern auch die Gemeinschaft. Wer gemeinsam entscheidet, lernt Unterschiede auszuhalten, Kompromisse zu schließen und Konflikte konstruktiv zu bearbeiten.

Diese sozialen Kompetenzen sind zentrale Ressourcen für Schule, Beruf und Gesellschaft. Beteiligung macht Demokratie erfahrbar – nicht theoretisch, sondern praktisch.

Wirkung in der Gesellschaft

Partizipation verändert auch den Blick nach außen. Jugendliche, die gelernt haben, ihre Stimme zu erheben, nehmen gesellschaftliche Prozesse bewusster wahr. Sie beteiligen sich an Diskussionen, engagieren sich in Initiativen oder vertreten ihre Interessen in politischen Gremien.

Aus Konsumentinnen werden Bürgerinnen.

Praxisbeispiel: Verantwortung übernehmen im Alltag

Als Jugendliche eine eigene Sitzung vorbereiteten, gestalteten sie nicht nur Inhalte, sondern führten die Diskussion selbst. Sie formulierten Regeln, z. B. zum Umgang mit Schimpfwörtern oder Hausverboten bei Regelverstößen im Haus. Dabei äußerten sie auch den Wunsch, neue Besucher*innen selbst über die Regeln zu informieren, um Missverständnisse zu vermeiden.

Auch bei Partys übernahmen sie Verantwortung – vom Einkaufen über die Kassenführung bis hin zur Moderation. Die sichtbaren Ergebnisse – ein gelungenes Fest oder eine gemeinsam durchgesetzte Regel – stärkten Selbstbewusstsein und Stolz mehr als jede pädagogische Rückmeldung.

Zusammenfassung

Beteiligung wirkt auf drei Ebenen: Sie stärkt das Individuum durch Selbstwirksamkeit, sie fördert soziale Kompetenzen im Miteinander und sie befähigt Jugendliche, Verantwortung in der Gesellschaft zu übernehmen.

Wirkung entsteht nicht durch punktuelle Aktionen, sondern durch wiederholte Erfahrungen, die sichtbar, reflektiert und ernst genommen werden.

Brücke zu Kap. 10

Damit Wirkung dauerhaft bleibt, braucht es Strukturen. Im nächsten Kapitel geht es darum, wie Mitbestimmung dauerhaft verankert werden kann – zwischen Haltung und organisatorischer Absicherung.

Beteiligung dauerhaft verankern – zwischen Haltung und Struktur

Partizipation entfaltet ihre Wirkung nur, wenn sie dauerhaft gesichert ist. Ein einmaliges Projekt kann motivieren, aber erst die Wiederholung, die Verlässlichkeit und die strukturelle Einbettung machen aus Beteiligung eine Kultur.

Institutionalisierung statt Projektcharakter

Viele Beteiligungsprojekte starten mit Elan, versanden aber, sobald die Finanzierung endet oder engagierte Personen die Einrichtung verlassen. Damit Beteiligung mehr ist als ein Strohfeuer, braucht es institutionelle Absicherung.

Das bedeutet:

Verankerung in Leitbildern und Konzepten,
feste Gremien wie Jugendräte oder Hausversammlungen,
verbindliche Abläufe und regelmäßige Reflexion.

So wird Teilhabe nicht von Einzelpersonen abhängig, sondern Teil der DNA einer Einrichtung.

Nur wenn Beteiligung fest in Strukturen verankert ist, überdauert sie Personalwechsel, kurzfristige Projekte und externe Abhängigkeiten.

Haltung trifft Struktur

Struktur allein reicht nicht. Beteiligung lebt von der Haltung der Menschen, die sie umsetzen. Doch Haltung allein reicht ebenfalls nicht – ohne Strukturen droht sie mit dem Weggang Einzelner zu verschwinden.

Das Zusammenspiel von Haltung und Struktur entscheidet.

Leitbilder, feste Prozesse und Ressourcen geben den Rahmen – doch erst Fachkräfte mit einer überzeugten Haltung füllen diesen Rahmen mit Leben.

Nachhaltigkeit durch Evaluation

Beteiligung ist nie „fertig". Sie muss überprüft, reflektiert und weiterentwickelt werden. Evaluation bedeutet nicht, Jugendliche mit Fragebögen zu überfrachten, sondern echte Rückmeldungen einzuholen: Was lief gut? Was war schwierig? Was sollte anders werden?

So entsteht ein Kreislauf aus Erfahrung, Anpassung und Verbesserung.

Das kann ein jährliches Feedbackgespräch mit dem Jugendrat sein, eine offene Runde im Haus oder auch ein gemeinsamer Rückblick auf Projekte.

Zusammenfassung

Dauerhafte Mitbestimmung entsteht im Zusammenspiel von Haltung und Struktur. Sie braucht feste Rahmenbedingungen, verbindliche Abläufe und eine Kultur der Reflexion – getragen von Menschen, die überzeugt sind.

Brücke zu Kap. 11

Im nächsten Kapitel geht es darum, wie Beteiligung über die Einrichtung hinaus wirkt – in Familien, Schulen, Vereinen und sogar in die Politik hinein.

Mitbestimmung als Botschafter – Wirkung über das Jugendzentrum hinaus

Partizipation endet nicht an den Türen des Jugendzentrums – sie entfaltet Wirkung weit darüber hinaus. Sie wirkt nach außen – in Familien, Schulen, Vereine, Stadtteile und manchmal bis in die Politik. Wenn Jugendliche erleben, dass ihre Stimme zählt, tragen sie dieses Selbstverständnis in andere Lebensbereiche. Sie werden zu Botschafter*innen einer Haltung: Mitreden. Mitgestalten. Mittragen.

Haltung im Alltag

Diese Haltung zeigt sich oft in kleinen Situationen. Ein Jugendlicher, der gelernt hat, seine Meinung in einer Gruppenrunde zu äußern, tut dies auch im Klassenrat. Eine Jugendliche, die im Jugendzentrum erlebt hat, dass ihre Idee umgesetzt wird, bringt sich im Sportverein ein, schlägt Projekte vor und übernimmt Verantwortung.

Mitbestimmung pflanzt unsichtbare Samen, die in unterschiedlichen Kontexten wachsen.

Solche Erfahrungen wirken oft leiser, aber nachhaltiger als große Projekte – weil sie Jugendliche in ihrem Alltag begleiten.

Sichtbarkeit nach außen

Unsere Arbeit bleibt nicht unbemerkt. Regelmäßig laden externe Partner*innen dazu ein, Erfahrungen zu teilen. Immer wieder melden sich Fachkräfte, die wissen wollen, wie Beteiligung konkret gelingt und was „das Geheimnis" ist. Häufig

S. Sadeghzadeh Oskuoi, *Beteiligung in der offenen Kinder- und Jugendarbeit*, essentials, https://doi.org/10.1007/978-3-658-51051-0_11

zeigen wir die Einrichtung selbst. Schon beim ersten Rundgang wird deutlich: Vieles im Haus ist von Jugendlichen gestaltet – ein lebendiger Ausdruck echter Teilhabe.

Auch digital – etwa über Instagram – wird diese besondere Atmosphäre spürbar. Dadurch wird Beteiligung nicht nur erlebt, sondern auch für Außenstehende überprüfbar und glaubwürdig.

Begegnungen mit Politik und Verwaltung

Mitgestaltung entfaltet ihre Außenwirkung besonders in Begegnungen mit Politik und Verwaltung. Wenn Jugendliche ihre Anliegen formulieren, mit Dezernentinnen, Bezirksratsmitgliedern oder sogar Oberbürgermeisterinnen sprechen, verändert das nicht nur ihre Selbstwahrnehmung, sondern auch die Sichtweise der Entscheidungsträger*innen.

Manche Begegnungen wirken weit über den Moment hinaus. Jugendliche, die erlebt haben, wie ernst ihre Fragen genommen werden, gewinnen Mut, sich auch in anderen Kontexten einzubringen.

Ein prägnantes Beispiel: Jugendliche überreichten dem Oberbürgermeister bei seinem Besuch im Jugendzentrum ein selbstgestaltetes Fotobuch. Darin dokumentierten sie ihre Projekte, Ideen und Umsetzungen. Für sie war es eine Möglichkeit, in kurzer Zeit sichtbar zu machen, was sie erreicht hatten – und für die Politik ein eindrucksvolles Zeugnis lebendiger Beteiligung.

Für die Politik war es mehr als ein Geschenk – es war ein Hinweis darauf, dass Jugendliche nicht nur Ideen haben, sondern auch Ergebnisse vorweisen können.

Zusammenfassung

Mitbestimmung ist mehr als ein internes Konzept. Sie wirkt nach außen, verändert Haltungen und inspiriert andere – in Schulen, Familien, Vereinen, Behörden und politischen Gremien. Jugendliche, die echte Teilhabe erfahren haben, tragen diese Haltung weiter – und machen sie in neuen Kontexten wirksam.

Brücke zu Kap. 12

Doch damit Teilhabe nicht an Einzelpersonen oder Projekten hängt, braucht es Absicherung. Im nächsten Kapitel geht es darum, wie Förderstrukturen, politische Unterstützung und institutionelle Rückendeckung Mitbestimmung dauerhaft sichern.

Teilhabe lebt von Haltung, Beziehung und Alltagspraxis. Doch sie bleibt nur dann langfristig wirksam, wenn sie auch strukturell, politisch und finanziell abgesichert ist. Ohne Rückhalt im System droht sie, an Personalwechseln, fehlenden Ressourcen oder wechselnden Prioritäten zu scheitern.

Politische und finanzielle Unterstützung

Eine zentrale Säule ist die politische Rückendeckung. Über kommunale Politik, Landesprogramme oder Stiftungen lassen sich Fördergelder akquirieren. Dafür braucht es Recherche, präzise Anträge und Partner*innen, die mitziehen.

Spannend ist: Während Fachkräfte an interne Vorgaben gebunden sind, können Jugendliche selbst als Akteur*innen auftreten – Anträge stellen, Aktionen präsentieren oder Unternehmen für Sponsoring gewinnen. Oft wirken sie sogar überzeugender, weil sie aus ihrer eigenen Lebenswelt sprechen.

Fördermittel sind jedoch oft projektgebunden und laufen nach einer bestimmten Zeit aus. Damit Beteiligung nicht nach Projektende wieder verschwindet, braucht es Strategien, wie erfolgreiche Ansätze in den Regelbetrieb übernommen werden können – etwa durch Anschlussfinanzierungen, Kooperationen mit Trägern oder die Einbindung in kommunale Budgets.

© Der/die Autor(en), exklusiv lizenziert an Springer Fachmedien Wiesbaden GmbH, ein Teil von Springer Nature 2026
S. Sadeghzadeh Oskuoi, *Beteiligung in der offenen Kinder- und Jugendarbeit*, essentials, https://doi.org/10.1007/978-3-658-51051-0_12

Strukturelle Verankerung

Damit Mitgestaltung nicht von einzelnen engagierten Personen abhängt, muss sie in den Strukturen einer Einrichtung fest verankert sein. Partizipation darf kein „Extra" sein, sondern ein gemeinsamer Wert – sichtbar in Leitbildern, Konzepten, Jahreszielen und Evaluationen.

Wenn Partizipation als gemeinsamer Mehrwert verstanden wird – als etwas, das den Alltag bereichert und nicht zusätzlich belastet –, steigt die Bereitschaft, sie dauerhaft zu verankern.

Haltung und Vertrauen im Team

Ein weiterer Schlüssel liegt in der Haltung von Teams und Leitung. Schulungen können Methodenkompetenz stärken, aber sie ersetzen kein Vertrauen. Fachkräfte brauchen Freiraum, um Teilhabe umzusetzen – ohne dass Theorieversessenheit oder übermäßige Kontrolle Prozesse lähmen. Fehlendes Vertrauen demotiviert Mitarbeitende und lässt Mitgestaltung austrocknen.

Rechtliche Grundlage

Partizipation ist nicht nur ein pädagogisches Prinzip, sondern auch rechtlich verankert. Artikel 12 der UN-Kinderrechtskonvention garantiert Kindern und Jugendlichen das Recht, in allen sie betreffenden Angelegenheiten gehört zu werden – und ihre Meinung angemessen zu berücksichtigen.

Dieses Recht ist nicht nur moralischer Auftrag, sondern auch eine Verpflichtung für Fachkräfte, Träger und Politik. Zugleich sollte Mitbestimmung nicht nur juristisch begründet werden: Ihre Wirkung auf Demokratiekompetenz, Verantwortungsbereitschaft und gesellschaftliche Teilhabe ist ebenso ein starkes Argument für ihre Absicherung.

Neben der UN-Kinderrechtskonvention verweist auch das Kinder- und Jugendhilfegesetz (SGB VIII) explizit auf Partizipation. In § 8 SGB VIII ist das Recht junger Menschen auf Beteiligung festgeschrieben, ebenso in § 11 die Aufgabe der Jugendhilfe, sie zur Mitgestaltung und Mitbestimmung zu befähigen. Damit wird deutlich: Teilhabe ist nicht nur pädagogische Haltung, sondern ein gesetzlicher Auftrag.

Zusammenfassung

Mitbestimmung wird nachhaltig, wenn sie politisch unterstützt, finanziell abgesichert, strukturell verankert und rechtlich eingefordert ist. Sie braucht Freiraum für Fachkräfte, Vertrauen im Team und die Bereitschaft, Jugendliche selbst als Akteur*innen auftreten zu lassen. Erst dann wird aus einzelnen Projekten eine dauerhafte Kultur der Teilhabe.

Brücke zu Kap. 13

Im nächsten Kapitel geht es darum, wie digitale Medien neue Räume für Beteiligung schaffen – Chancen, aber auch Herausforderungen, die nicht ignoriert werden dürfen.

Digitale Beteiligung – Chancen und Herausforderungen 13

Beteiligung findet längst nicht mehr nur im Jugendzentrum statt. Digitale Räume sind zu einem festen Bestandteil des Alltags geworden. Jugendliche kommunizieren über Messenger, tauschen sich in sozialen Netzwerken aus und organisieren Aktivitäten online.

Für Jugendarbeit bedeutet das: Mitbestimmung muss dort stattfinden, wo Jugendliche tatsächlich sind – und das ist heute vor allem auf dem Smartphone.

Digitale Formate in der Praxis

In unserem Jugendzentrum nutzen wir vor allem Instagram. TikTok sowie Snapchat setzen wir dagegen nicht ein – aus rechtlichen Vorgaben unseres Trägers. Das ist bedauerlich, denn Jugendliche bewegen sich selbstverständlich auch dort. Umso wichtiger ist es, auf den Plattformen präsent zu sein, die erlaubt und praktikabel sind. Diese Diskrepanz – intensive Nutzung durch Jugendliche vs. institutionelle Einschränkungen – markiert ein Spannungsfeld: Jugendarbeit muss Lebenswelten ernst nehmen, ist zugleich aber an rechtliche Rahmenbedingungen gebunden.

Über Instagram werden Protokolle und Infos geteilt, die Jugendliche selbst verfassen. Instagram dient als Plattform für Umfragen, Ideensammlungen und zur Darstellung von Projekten.

Ein Beispiel ist eine Umfrage auf Instagram mit der Frage:

„Was wäre anders in deinem Leben, wenn es das Jugendzentrum nicht gäbe?"

© Der/die Autor(en), exklusiv lizenziert an Springer Fachmedien Wiesbaden GmbH, ein Teil von Springer Nature 2026
S. Sadeghzadeh Oskuoi, *Beteiligung in der offenen Kinder- und Jugendarbeit*, essentials, https://doi.org/10.1007/978-3-658-51051-0_13

Die Antworten der Jugendlichen waren eindrucksvoll und vielfältig:

> „Dann hätte ich viele gute Dinge verpasst."
> „Wäre kriminell geworden."
> „Hätte keine neuen Leute kennengelernt."
> „Jeden Tag zuhause oder wie ein Hund draußen."
> „Der schlimmste Albtraum."
> „Hätte nie Fufu probiert."

Diese Rückmeldungen verdeutlichen auf eindringliche Weise, welche zentrale Rolle das Jugendzentrum für viele Jugendliche spielt – sei es als Schutzraum, als soziales Netzwerk, als Präventionsfaktor oder schlicht als Ort für neue Erfahrungen.

Chancen digitaler Beteiligung

Digitale Medien senken Einstiegshürden: Rückmeldungen erfolgen schnell, kreative Ausdrucksformen (z. B. Fotos, kurze Videos) erweitern die Möglichkeiten, und auch Jugendliche, die nicht regelmäßig im Haus sind, können sich unkompliziert beteiligen.

Sie eröffnen zudem wichtige Optionen für Inklusion: Wer sich mündlich nicht traut, antwortet schriftlich; wer mobil eingeschränkt ist, kann trotzdem mitwirken. Digitale Beteiligung ist damit keine Ersatzlösung, sondern eine gleichwertige Ergänzung zu analogen Formen – und oft der erste Schritt, Jugendliche überhaupt für weitere Prozesse zu gewinnen.

Herausforderungen und Grenzen

Natürlich entstehen auch Probleme. Beleidigende Kommentare oder Fake-Accounts gehören dazu. Wir haben gelernt, solche Inhalte konsequent zu filtern, zu melden und mit den Jugendlichen selbst über digitale Verantwortung zu sprechen. Für Fotos und Stories holen wir stets Einwilligungen ein und beachten Datenschutz sowie Bildrechte (DSGVO, § 22 KunstUrhG). Sensible Inhalte werden grundsätzlich nicht veröffentlicht.

Ein Beispiel: Gemeinsam besuchten wir eine Schulung in Wolfsburg zum Thema Jugendschutz und Bildrechte im Netz. Für die Jugendlichen war es wichtig, rechtliche Grundlagen kennenzulernen – und gleichzeitig erhielten sie die Möglichkeit, ihren Wunsch nach einem Besuch im Outlet-Center einzulösen. So verbanden wir pädagogisches Lernen mit einem Highlight, das Motivation und Gemeinschaft stärkte.

Digitale Beteiligung als Haltung

Digitale Beteiligung ist mehr als ein technisches Hilfsmittel. Sie ist Ausdruck einer Haltung: Jugendliche dort abzuholen, wo sie sind, und ihnen Werkzeuge für selbstbestimmtes Handeln an die Hand zu geben. Digitale Beteiligung verlangt von Fachkräften, nicht nur Technik bereitzustellen, sondern aktiv digitale Kultur mitzugestalten – durch Moderation, Begleitung und die Vermittlung von Medienkompetenz.

Zusammenfassung

Digitale Medien bieten enorme Chancen für Mitgestaltung – niedrigschwellig, flexibel und inklusiv. Gleichzeitig erfordern sie klare Regeln, Sensibilität für Datenschutz und die Bereitschaft, Konflikte auszuhalten.

Digitale Beteiligung ist nicht „Zukunft", sondern Gegenwart – und gehört heute selbstverständlich zur Jugendarbeit.

Brücke zu Kap. 14

Im nächsten Kapitel geht es um Konflikte. Denn Mitbestimmung bedeutet nicht Harmonie – sondern auch, Unterschiede, Widerstände und Spannungen auszuhalten und konstruktiv zu bearbeiten.

Konflikte als Teil von Beteiligung 14

Partizipation klingt oft nach Einigkeit und Harmonie. In der Realität ist sie jedoch immer auch mit Konflikten verbunden. Wo Menschen mit unterschiedlichen Interessen, Hintergründen und Sichtweisen zusammenkommen, entstehen Spannungen. Das ist kein Fehler, sondern ein wesentlicher Bestandteil von Mitbestimmung.

Konflikte anerkennen statt vermeiden

Viele Fachkräfte neigen dazu, Konflikte zu vermeiden. Doch Beteiligung bedeutet, Unterschiede sichtbar zu machen und auszuhalten. Wer nur „glatte" Prozesse zulässt, verhindert echte Teilhabe.

Jugendliche lernen Demokratie gerade dann, wenn sie erleben, dass Meinungsverschiedenheiten erlaubt sind und konstruktiv bearbeitet werden können.

Konflikte als Entwicklungschance

Streit ist nicht nur Belastung, sondern auch Lernfeld. In Auseinandersetzungen üben Jugendliche, Positionen zu vertreten, Kompromisse auszuhandeln und die Perspektiven anderer einzubeziehen. Gerade diese Erfahrungen fördern wichtige soziale Kompetenzen wie Empathie, Respekt und Durchhaltevermögen. Für Fachkräfte heißt das: Konflikte nicht als Störung sehen, sondern als Gelegenheit, demokratische Kompetenzen zu fördern.

S. Sadeghzadeh Oskuoi, *Beteiligung in der offenen Kinder- und Jugendarbeit*, essentials, https://doi.org/10.1007/978-3-658-51051-0_14

Pädagogische Verantwortung

Konflikte dürfen nicht sich selbst überlassen werden. Sie brauchen Begleitung – durch klare Regeln, Moderation und die Fähigkeit, Eskalationen zu entschärfen. Fachkräfte sind hier nicht Schiedsrichterinnen, sondern Moderatorinnen: Sie schaffen Räume, in denen alle Stimmen gehört werden, und sorgen dafür, dass Machtgefälle ausgeglichen werden.

Praxisbeispiel: Auseinandersetzungen im Jugendzentrum

Natürlich kommt es im Jugendzentrum immer wieder zu Streit. Häufig setzen sich die Lauteren durch – ganz nach dem Motto: „Wer am lautesten schreit, gewinnt." Unsere Aufgabe ist es, solche Dynamiken zu durchbrechen.

Das bedeutet:

allen Jugendlichen das Wort zu geben,
schwächere Stimmen aktiv einzubeziehen,
Regeln konsequent einzuhalten.
Nur so wird Beteiligung fair und glaubwürdig.

Kritik und Unzufriedenheit aushalten

Echte Beteiligung heißt auch: Kritik zulassen. Wenn Jugendliche äußern, dass die neue gelbe Wand im Jugendzentrum „furchtbar" aussieht, ist das zunächst unbequem. Doch genau diese Ehrlichkeit macht Teilhabe aus. Aufgabe der Fachkräfte ist es, diese Kritik ernst zu nehmen und gemeinsam nach Lösungen zu suchen.

Zusammenfassung

Konflikte sind kein Hindernis, sondern ein Lernfeld. Sie machen Demokratie erfahrbar – nicht als Harmonieveranstaltung, sondern als Prozess des Aushandelns. Fachkräfte müssen Spannungen aushalten, moderieren und begleiten.

Brücke zu Kap. 15

Im nächsten Kapitel geht es um spezifische Zielgruppen: Mädchen, junge Frauen und diverse Jugendliche – und wie Angebote so gestaltet werden können, dass sie niemanden ausschließen.

Geschützte Räume und spezifische Angebote

Beteiligung bedeutet auch, unterschiedliche Lebensrealitäten anzuerkennen. Nicht alle Jugendlichen fühlen sich in gemischten Gruppen gleichermaßen wohl oder willkommen. Deshalb braucht es Räume, die speziell auf ihre Bedürfnisse zugeschnitten sind – ohne andere auszuschließen.

Begründung geschützter Räume

Geschützte Räume sind kein Luxus, sondern notwendige Voraussetzungen für Teilhabe. Gerade Jugendliche, die in ihrem Alltag mit Rollenbildern, Diskriminierung oder Erwartungsdruck konfrontiert sind, brauchen Orte, an denen sie frei von Zuschreibungen handeln können. Solche Räume ermöglichen Erfahrungen von Sicherheit, Selbstbestimmung und Solidarität – und eröffnen so erst die Grundlage, um später auch in offenen Gruppen selbstbewusst mitzuwirken.

Mädchen*tag als Ausgangspunkt

In unserem Jugendzentrum wurde vor vielen Jahren ein Mädchen*tag eingeführt. Hintergrund war, dass viele junge Frauen aus Familien mit Migrationsgeschichte von ihren Eltern nicht unterstützt wurden, in gemischten Gruppen Freizeit zu verbringen.

Deshalb gehört mittwochs das gesamte Jugendzentrum den Mädchen und jungen Frauen. Hier können sie sich frei bewegen, ausprobieren und Angebote

S. Sadeghzadeh Oskuoi, *Beteiligung in der offenen Kinder- und Jugendarbeit*, essentials, https://doi.org/10.1007/978-3-658-51051-0_15

gestalten – von Sportkursen über kreative Workshops bis hin zu Kinoabenden. Auch Jugendliche, die sich nicht als männlich identifizieren, sind ausdrücklich willkommen.

Selbstbestimmung und Stolz

Die Besucherinnen entwickelten im Laufe der Jahre ein starkes Bewusstsein für ihre Selbstbestimmung. Einige der damals aktiven Mädchen sind heute erwachsen, haben eigene Familien – und erinnern sich noch immer stolz an „ihren" Tag.

Angebote wie der Kickboxkurs für Mädchen – der leider seit Corona nicht mehr weitergeführt werden konnte – haben bleibende Spuren hinterlassen. Sie machten deutlich, dass Wünsche der Jugendlichen ernst genommen und umgesetzt werden können.

Inklusion und Weiterentwicklung

Auch wenn der Mädchen*tag bis heute erfolgreich ist, diskutieren wir seit einiger Zeit, wie er neu benannt werden könnte – um Diversität noch sichtbarer zu machen. Der bisherige Name entstand aus der Idee, jungen Frauen einen geschützten Raum zu eröffnen. Heute ist das Bewusstsein größer: Teilhabe bedeutet, alle Jugendlichen einzuschließen – unabhängig von Geschlecht, Herkunft, sexueller Orientierung oder Identität.

Gemeinsam mit den Jugendlichen suchen wir daher nach einer neuen Bezeichnung, die Offenheit ausdrückt und deutlich macht: Der geschützte Raum steht allen zur Verfügung, die ihn brauchen. Ziel bleibt, einen Ort zu schaffen, in dem sich Jugendliche ausprobieren, ihre Interessen vertreten und eigene Ideen entwickeln können.

Praxis und Beteiligung im Alltag

Die Jugendlichen gestalten den Tag weitgehend selbst. Sie entscheiden über Aktivitäten, übernehmen Einkäufe oder stellen Anträge für Projekte. Fachkräfte unterstützen dort, wo es notwendig ist – etwa bei finanziellen Fragen oder organisatorischen Hürden.

Die Erfahrung zeigt: Der Mittwoch ist ein Magnet. Viele Besucher*innen betonen, dass sie nur deshalb regelmäßig kommen, weil es diesen speziellen Tag gibt.

Übertragbarkeit auf andere Zielgruppen

Das Konzept geschützter Räume beschränkt sich nicht auf Mädchen und junge Frauen. Auch andere Gruppen profitieren von spezifischen Angeboten:

Queere Jugendliche, die sich frei austauschen möchten, ohne Angst vor Ausgrenzung.

Jugendliche mit Behinderung, die barrierefreie Zugänge und passende Unterstützung brauchen.

Geflüchtete Jugendliche, die Sprachförderung, Orientierung und Schutz vor Diskriminierung suchen.

Solche Angebote sind keine Parallelwelten, sondern Brücken: Sie stärken Selbstbewusstsein, fördern Identität und erleichtern den Übergang in offene Gruppenangebote.

Zusammenfassung

Geschützte Räume sind kein Rückschritt, sondern eine Erweiterung von Beteiligung. Sie ermöglichen Jugendlichen, die sonst weniger sichtbar sind, eigene Erfahrungen von Selbstbestimmung und Gemeinschaft.

Partizipation bedeutet nicht, alle über einen Kamm zu scheren – sondern unterschiedliche Bedürfnisse ernst zu nehmen und passende Räume zu schaffen.

Was Sie aus diesem *essential* mitnehmen können

- Beteiligung gelingt, wenn Fachkräfte Jugendlichen wirklich Verantwortung zutrauen
- Vertrauen, Beziehung und Haltung sind die Grundlage jeder Mitbestimmung
- Methoden unterstützen Beteiligung – entscheidend ist die innere Haltung
- Nachhaltige Teilhabe braucht Strukturen, die auf Dauer Bestand haben
- Jugendliche lernen Demokratie, wenn sie sie praktisch erleben und gestalten

Schlusswort

Beteiligung beginnt im Kleinen – und wirkt weit darüber hinaus.

Dieses Buch ist kein Rezeptbuch, sondern eine Einladung.

Eine Einladung, sich auf den Weg zu machen – mit Haltung, mit Geduld und mit echtem Interesse an jungen Menschen. Teilhabe ist nichts, was man „abarbeiten" kann. Sie lässt sich nicht verordnen, nicht delegieren und nicht in Kennzahlen pressen.

Beteiligung ist Beziehung. Sie beginnt mit Zuhören, mit Vertrauen, mit dem ehrlichen Wunsch, Jugendliche nicht nur zu betreuen, sondern mit ihnen gemeinsam etwas zu gestalten.

Manchmal braucht es Mut – besonders dann, wenn ihre Entscheidungen nicht den eigenen Vorstellungen entsprechen.

Manchmal braucht es Ausdauer – wenn Mitgestaltung stockt oder scheitert.

Und immer braucht es Menschen, die dranbleiben.

Echte Partizipation verändert – Kinder, Jugendliche und Fachkräfte. Sie verändert Räume, Strukturen – und manchmal sogar ganze Systeme.

Ich wünsche allen, die sich auf diesen Weg machen, die Kraft, den Humor und die Geduld, um ihn konsequent zu gehen.

Denn was die Mandalorianer in Star Wars längst wussten, gilt auch für uns:

„This is the way." – Das ist der Weg.

Der Weg zu echter Teilhabe, Vertrauen und demokratischer Praxis.

S. Sadeghzadeh Oskuoi, *Beteiligung in der offenen Kinder- und
Jugendarbeit*, essentials, https://doi.org/10.1007/978-3-658-51051-0

Literatur

Bandura, A. (1997). *Selbstwirksamkeit: Die Grundlage der Motivation, des Handelns und des Wohlbefindens*. Klett-Cotta.

Bourdieu, P. (1983). Ökonomisches Kapital, kulturelles Kapital, soziales Kapital. In R. Kreckel (Hrsg.), *Soziale Ungleichheiten* (S. 183–198). Schwartz.

Buber, M. (1923). *Ich und Du*. Insel Verlag.

Bundesministerium der Justiz. (2021). Achtes Buch Sozialgesetzbuch – Kinder- und Jugendhilfe (SGB VIII). BGBl. I S. 1163.

Deci, E. L., & Ryan, R. M. (1993). Die Selbstbestimmungstheorie der Motivation und ihre Bedeutung für die Pädagogik. *Zeitschrift für Pädagogik, 39*(2), 223–238.

Deci, E. L., & Ryan, R. M. (2000). Self-determination theory and the facilitation of intrinsic motivation, social development, and well-being. *American Psychologist, 55*(1), 68–78.

Freire, P. (2017). *Pädagogik der Unterdrückten*. Rowohlt.

Hart, R. A. (1992). *Children's Participation: From Tokenism to Citizenship*. UNICEF International Child Development Centre.

Hurrelmann, K. (2016). *Lebensphase Jugend: Eine Einführung in die sozialwissenschaftliche Jugendforschung* (13. Aufl.). Beltz.

Sturzenhecker, B. (2004). *Partizipation in der Kinder- und Jugendarbeit*. Juventa.

Vereinte Nationen. (1989). *Übereinkommen über die Rechte des Kindes (UN-Kinderrechtskonvention)*. Vereinte Nationen.